설민석의 역사 고민 상담소

설민석의 역사 고민 상담소 ❺
개항기부터 근현대까지

글 설민석, 서지원 | 그림 조병주 | 감수 단꿈 연구소

찍은날 2021년 11월 24일 초판 1쇄 | **펴낸날** 2021년 12월 9일 초판 1쇄
펴낸이 신광수 | **CS본부장** 강윤구 | **출판개발실장** 위귀영
출판영업실장 백주현 | **디자인실장** 손현지 | **개발기획실장** 김효정
아동콘텐츠개발팀 박재영, 서정희, 박인의 | **출판디자인팀** 최진아, 강륜아 | **저작권** 김마이, 이아람
채널영업팀 이용복, 이강원, 김선영, 우광일, 강신구, 이유리, 정재욱, 박세화, 김종민, 이태종, 전지현
출판영업팀 박충열, 민현기, 정재성, 정슬기, 허성배, 정유, 설유상
개발기획팀 이병욱, 황선득, 홍주희, 강주영, 이기준, 정은정
CS지원팀 강승훈, 봉대중, 이주연, 이형배, 이은비, 전효정, 이우성
펴낸곳 (주)미래엔 | **등록** 1950년 11월 1일 제16-67호
주소 서울특별시 서초구 신반포로 321 | **전화** 미래엔 고객센터 1800-8890 팩스 541-8249
홈페이지 주소 www.mirae-n.com

ISBN 979-11-6841-034-3 74910
ISBN 979-11-6413-690-2 (세트)

ⓒ Dankkumi Corp.

본 제품은 (주)단꿈아이와의 상품화 계약에 의해 (주)미래엔에서 제작·판매하는 것으로 무단 복제 및 전재를 금합니다.
『설민석의 한국사 대모험』 원작사 (주)단꿈아이 / 『설민석의 한국사 대모험』 그림 작가 정현희

파본은 구입처에서 교환해 드리며, 관련 법령에 따라 환불해 드립니다. 다만, 제품 훼손 시 환불이 불가능합니다.
책값은 뒤표지에 있습니다.

글 설민석, 서지원 | 그림 조병주
감수 단꿈 연구소

 **들어가는 말**

　안녕하세요? 여러분의 역사 선생님, 설민석이에요.

　한국사에 대한 여러분의 크나큰 사랑 덕분에, 선생님은 지난 20년간 책, 방송, 강연 그리고 유튜브를 통해 우리 대한민국의 역사를 널리 알리는 데 힘써 왔어요.

　그런데 늘 마음 한편이 허전했답니다. '역사적 지식과 교훈을 전달하는 데 그치지 않고, 어린이들에게 실질적으로 도움이 되는 책을 만들 수는 없을까?' 하는 고민 때문에요.

　그래서 이번에 새롭고 재미난 한국사 이야기로 여러분을 찾아왔어요. 〈설민석의 역사 고민 상담소〉 시리즈는 역사 속 인물과 사건에 얽힌 이야기로 여러분의 고민을 말끔히 해결해 줄 거예요.

　'역사는 현재를 비추는 거울'이라는 말이 있어요. 역사를 통해 우리 조상들의 지혜를 배우면, 현재 우리가 마주친 문제의 답을 찾을 수 있거든요. 온달, 평강, 로빈, 그리고 역사 고민 상담소의 소장님인 설쌤과 함께 여러분의 고민을 시원하게 해결하고, 역사 상식도 쏙쏙 담아가는 알찬 시간이 되길 바라요.

부담 없이 역사 공부를 시작하고 싶은 어린이, 한국사의 흐름을 쭉 한번 짚어 보고 싶은 어린이, 재미있는 이야기로 스트레스를 풀고 싶은 어린이라면, 〈설민석의 역사 고민 상담소〉로 놀러 오세요! 데굴데굴 구르고 깔깔 웃으며 책장을 넘겼을 뿐인데, 우리나라 역사의 흐름과 굵직한 사건들이 자연스레 습득되는 신기한 경험을 하게 될 것입니다.

자, 이제 역사 고민 상담소의 문을 똑똑 두드려 볼까요?

– 설민석 드림

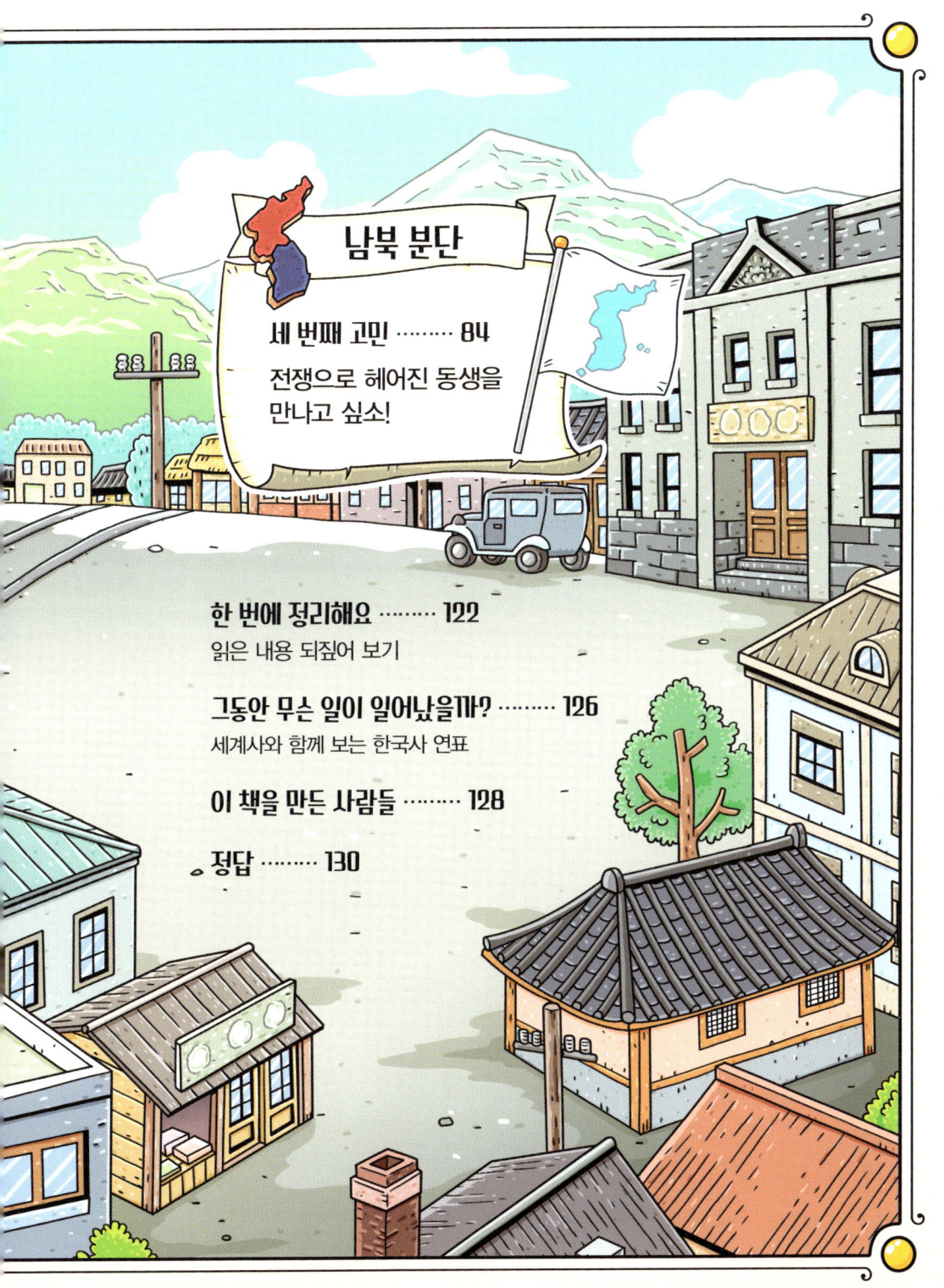

등장 인물

설쌤

역사 고민 상담소의 소장님이에요. 이제는 손님들의 눈빛만 봐도 딱 어울릴 만한 역사적 인물과 사건을 바로 떠올릴 수 있어요.

로빈

역사 고민 상담소에서 손님 응대와 홍보를 맡고 있는 마스코트예요. 상담소에 손님이 끊길까 봐 늘 노심초사하는 중이랍니다.

평강
고구려에서 온 공주이자,
설쌤의 믿음직한 조수예요.
온달이와 함께 설쌤을 도와
역사 고민 상담소를
잘 꾸려 가는 것이 목표예요.

온달
딱히 맡은 역할은 없지만,
역사 고민 상담소의 어엿한 조수예요.
온달이에겐 오랫동안 간직한
비밀스런 꿈이 있어요.
과연 무엇일까요?

어느새 기름도 다 떨어져서 자동차가 멈췄어요.

"쌤, 어떡해요? 핸드폰 배터리도 다 떨어졌어요!"

평강이가 깜짝 놀라며 말하자 설쌤도 크게 당황했어요. 그러고는 주머니에서 지도 한 장을 주섬주섬 꺼내 들었어요.

"걱, 걱정하지 마. 의뢰인이 보낸 지도를 프린트해 왔거든."

"휴, 살았다."

귀여운 염소 덕분에 역사 고민 상담소 식구들은 마음을 놓았어요. 하지만 웬걸! 설쌤이 잠시 한눈을 판 사이에 염소가 지도를 잘근잘근 씹어 먹지 뭐예요!

수풀 속에서 튀어나온 건 귀신이 아니라 역사 고민 상담소에 고민을 의뢰한 준이었어요. 준이의 이메일을 받고 상담소 식구들이 이곳까지 찾아온 거예요.

혹시 제 고민도 해결해 주실 수 있나요?
우리 학교에 큰 문제가 생겼거든요.
꼭 저희 마을로 와 주세요. 부탁이에요!
김준 드림

준이는 상담소 식구들을 마을로 안내했어요. 오늘 밤은 준이네 집에서 묵기로 했지요. 준이네 부모님은 먼 길 오느라 수고한 손님들에게 푸짐한 밥상을 차려 주셨어요.

상담소 식구들은 허겁지겁 저녁 식사를 해치우며 준이의 고민을 들어 보았어요.

차린 건 없지만 많이들 먹어요.

혹시 저희 말고 다른 손님들도 더 오나요?

잘 먹겠습니다!

준이가 다니는 가마골 초등학교는 이 마을에 단 하나밖에 없는 학교예요. 개교한 지 90년이 지났고, 한때는 전교생이 1500명이 넘을 정도로 큰 학교였대요. 하지만 학생 수가 점점 줄어들어 지금은 전교생이 아홉 명뿐이에요. 그래서 학교는 곧 문을 닫을 예정이고, 학생들은 다른 마을에 있는 학교로 전학을 가야 한대요.

"제발 학교가 없어지는 걸 막아 주세요!"

준이의 간절한 부탁을 듣자, 역사 고민 상담소 식구들은 어깨가 무거워지는 것을 느꼈어요.

준이의 고민을 듣고 난 설쌤은 심각한 표정을 지었어요.

"이건 학교만의 문제가 아니야. 만약 학교가 없어지면 젊은 사람들은 도시로 이사할 테고, 결국 마을에는 노인들만 남게 될 거야. 그리고 시간이 점점 흘러 노인들도 세상을 떠나면 마을 전체가 비어 버릴지도 몰라."

"네? 마을이 사라진다고요?"

1860~1870년대에는 프랑스, 미국, 일본 등이 교역을 하자며 조선의 문을 두드렸어. 조선은 이를 막으려 했지만 결국 개항할 수밖에 없었어.

조선은 개항 이후 일어난 내전을 막기 위해 도움을 청했다가 결국 청나라의 간섭을 받게 되었고 말이야.

급진 개화파가 청의 간섭을 벗어나자며 '갑신정변'을 일으켰지만, 3일 만에 실패했어. 이때 급진 개화파였던 서재필은 미국으로 망명했지.

이후 급격하게 나빠진 경제 상황에 화가 난 백성들이 동학 농민 운동을 일으켰어. 이에 조선은 청에 도움을 요청했고 일본도 군대를 보냈지.

일본과 청은 조선 안에서 영향력을 넓히려고 전쟁까지 벌였어. 이때 조선은 러시아와 손잡아 일본의 간섭에서 벗어나려 했지만, 이에 앙심을 품은 일본은 명성 황후를 시해했고, 고종은 러시아 공사관으로 피신했지.

이런 대혼란의 시기에 서재필은 백성들을 계몽시켜 조선의 독립을 이루기 위해 미국에서 조선으로 돌아왔어.

사람이 곧 하늘이다!

농민 운동의 지도자였던 전봉준은 관리들의 폭정과 부정부패에 분노하며 민란을 일으켰는데, 이를 '동학 농민 운동'이라고 불러요. '사람이 곧 하늘'이라고 외치는 민중 사이에 숨어 있는 설쌤을 찾아보세요.

"흠흠. 이보게, 언제까지 여기 서 있어야 하나?"

한참을 정신없이 설명하던 설쌤은 서재필 박사의 헛기침 소리를 듣고 나서야 설명을 멈추고, 준이네 학교가 없어질 위기에 처했다는 이야기를 들려주었어요.

작전1. <가마골 신문>을 만들어 학교의 위기를 알려라!

준이와 역사 고민 상담소 식구들도 신문을 이용하기로 했어요. 학교를 졸업한 선배들과 마을 사람들에게 신문을 보내 학교가 위기에 빠졌다는 사실을 알리는 것이지요. 대신, 종이 신문보다 빠르고 편리하게 보낼 수 있는 인터넷 신문을 이용하기로 했어요. 가마골 초등학교의 전교생 아홉 명이 모두 학교에 모여 신문을 만들기 시작했어요.

〈독립신문〉을 영어로 번역해 외국 사람들도 읽을 수 있게 했듯이, 아이들은 SNS에도 학교 소식을 올려 타지 사람들에게 학교의 위기를 알렸어요.

찰칵찰칵, 가마골 알리기!

준이와 역사 고민 상담소 식구들이 SNS에 올릴 사진을 찍기 위해 학교로 왔어요. 두 그림을 비교하여 서로 다른 곳 다섯 군데를 찾아보세요.

작전2. 학교의 상징물을 찾아라!

서재필 박사는 조선이 자주독립 국가라는 사실을 널리 알리기 위해 독립문을 세웠다고 말했어요. 심지어 청의 사신을 맞이하던 영은문을 헐고 그 자리에 세운 거예요! 청나라를 섬기던 사대주의의 상징이 자주독립의 상징으로 바뀌게 된 것이지요.

준이는 부리나케 달려가더니, 아주 큰 가마솥 뚜껑을 가져와 학교 정문 앞에 떡하니 꽂아 놓았어요. 그리고 마치 독립투사 같은 표정을 지으며 의기양양하게 말했어요.

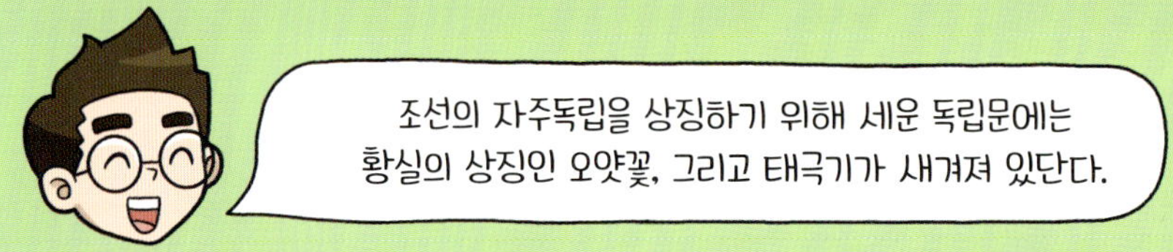

조선의 자주독립을 상징하기 위해 세운 독립문에는 황실의 상징인 오얏꽃, 그리고 태극기가 새겨져 있단다.

*보기의 순서대로 도착점을 찾아가세요.

작전3, 만민 공동회를 열자!

서재필 박사는 독립협회에서 개최했던 만민 공동회에 대해 이야기해 주었어요. 만민 공동회는 상인이든 백정이든 신분에 상관없이 한자리에 모여, 나라를 지키기 위한 의견을 내고 뜻을 모으는 자리라고 했어요.

준이는 학교를 지키기 위해 마을 사람들과 뜻을 모을 수 있도록 가마골 공동회를 열어 달라고 이장님께 부탁했어요.

 다음 날

서재필 박사와 역사 고민 상담소 식구들은 깜짝 놀랐어요. 아무도 오지 않으면 어쩌나 걱정했는데, 엄청나게 많은 사람이 운동장에 모인 거예요.

주민들뿐 아니라, SNS로 가마골 신문을 본 졸업생 선배들까지 멀리서 찾아왔어요. 서재필 박사는 마이크를 들고 단

많은 아이들이 전학 오게 하려면 좋은 교육 프로그램이 있어야 할 거예요. 학부모들이 재능을 기부해서 다양한 방과 후 프로그램을 만듭시다!

내가 판소리 무형 문화재요! 국악 교육은 나한테 맡기구려!

상에 올라가 큰 소리로 사람들을 설득했어요.

"다른 나라의 간섭과 침입으로부터 조선을 지키기 위해, 만민 공동회에 많은 백성들이 모여 한목소리를 내자 정부에서도 귀 기울여 들었소!"

이제 조선을 지키던 그 마음으로, 위기에 몰린 우리 가마골 초등학교를 부활시켜야 할 때입니다!

우리 마을의 대표를 뽑아 청와대에 보낼까요?

서울까지는 내가 데려다 주리다!

가마골 마을만의 특별한 프로그램도 있어야 해요! 반려견 유치원은 어때요?

그럼 내가 선생님?!

가마골 공동회에서 열띤 토론이 이어지던 그때, 갑자기 검은 승용차 몇 대가 줄줄이 학교로 들어왔어요.

"소문 듣고 왔습니다."

"오늘 폐교 반대 운동을 한다던데……."

자동차에서 내린 사람은 학교가 세워진 땅의 주인으로, 학교를 부수고 그 자리에 큰 쇼핑몰을 지으려는 야심을 가진 사람이었어요.

"여러분, 폐교가 나쁜 게 아니에요. 읍내에 있는 큰 학교와 통합하면 우리 아이들이 더 좋은 시설에서 공부할 수 있다고요!"

"나는 쇼핑몰로 큰 돈을 벌고! ㅋㅋㅋ"

"그런 것도 같네."

"틀린 말은 아니잖아."

웅성 웅성

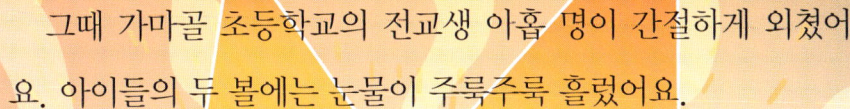

버스, 자동차, 심지어 오토바이와 자전거까지 운동장 안으로 떼 지어 들어왔어요. 그러더니 정말 놀라운 일이 벌어졌어요!

대박! 우리가 만든 인터넷 신문이 SNS를 타고 널리 퍼졌나 봐!

네? 어떻게 하면 가마골로 전학 올 수 있냐고요?

유명한 동화 작가도 가마골 신문의 내용을 SNS에 올리면서, 가마골 초등학교 홈페이지는 방문자가 급증하여 다운될 정도였어요.

그래, 어디 한번 말씀해 보시게. 기어코 학교를 없애 버릴 텐가?

흠흠, 그, 그게……. 일단 오늘은 돌아가겠습니다.

폐교 반대
반대!
폐교를 반대합니다!

결국 욕심 많은 땅 주인은 가마골 초등학교의 폐교를 잠시 미루자고 말하고 허겁지겁 돌아갔어요.

준이와 마을 사람들은 서재필 박사와 상담소 식구들에게 감사의 의미로 가지, 호박, 오이 등을 따서 자동차에 한가득 실어 주었어요.

설쌤의 상담 일지 1

위기에 빠진 조선과
가마골 초등학교의 기막힌 운명!

이름	김준
상담 날짜	3월 8일, 오후 7시
고민 내용	시골에 있는 우리 학교가 곧 문을 닫는대요!
처방전	학교의 위기를 널리 알리고, 사람들과 힘을 합쳐 학교를 구하라!
상담 내용	폐교 위기에 빠진 준이네 학교! 학교가 없어져 아이들이 하나 둘 마을을 떠난다면, 결국 텅 빈 마을만 남게 될지도 모른다. 마을 전체의 운명이 걸린 심각한 상황을 어떻게 해결할 수 있을까?

나라의 문, 여느냐 닫느냐 그것이 문제로다!

존폐 위기를 맞은 가마골 초등학교처럼 19세기 조선 또한 한 치 앞을 알 수 없었다. 안으로는 특정 가문이 권력을 장악해 부정부패를 일삼았고, 밖으로는 서구의 여러 나라들이 조선에 개항을 요구했다. 이때 12살의 어린 나이로 왕위에 오른 고종 대신 정치를 맡은 흥선 대원군은 서양과 교류하기를 거부하며 쇄국 정책을 펼쳤고, 천주교를 탄압하여 프랑스 선교사와 신자들을 처형했다.

이를 빌미로 1866년에 프랑스 군대가 강화도를 침략했으나 조선군이 물리쳤고, 5년 뒤에는 미국 군대가 무역을 강요하며 쳐들어왔다. 급기야 1875년, 일본이 운요호를 앞세워 조선을 침입하여 대포를 쏘아 대며 위협하는 바람에, 조선은 일본과 강화도 조약을 맺고 외국 여러 나라에 항구를 열어 줄 수밖에 없었다.

쇄국 정책을 홍보한 **척화비**

흥선 대원군

서양 오랑캐가 쳐들어오는데 싸우지 않는다면 화친이오, 화친은 곧 나라를 파는 것이다!

개화를 앞두고 안팎으로 혼란스러운 조선

흥선 대원군이 정치에서 물러난 뒤, 고종이 직접 나라를 다스리면서 조선은 본격적으로 개화 정책을 펼쳤다. 고종은 신식 군대인 '별기군'을 만들었는데, 별기군은 대우가 높은 반면 구식 군대는 급료가 밀리기까지 했다. 이에 화가 난 구식 군대의 군인들이 폭동을 일으키며 궁궐과 일본 공사관을 습격하여 임오군란이 일어났다. 조정은 청나라의 도움을 받아 이를 진압했고, 이후 청나라는 조선의 정치에 간섭하기 시작했다. 조선 땅에서 일본과 청나라가 번갈아가며 배 놔라, 감 놔라……, 어휴!

청나라의 간섭이 심해지고 개화 정책이 난항을 겪자, 급진적인 개화를 통해 근대적인 자주독립 국가로서의 조선을 꿈꿨던 김옥균과 서재필 같은 젊은이들이 갑신정변을 일으키고 정권을 잡았다. 하지만 청나라 군대에 진압당해 삼일천하로 끝이 났다.

조선의 끝, 새로운 시작

　한편 농민들은 개항 이후 쌀값이 폭등하여 경제적 어려움까지 겹치자 불만이 점점 커졌다. 결국 1894년, 동학 세력을 중심으로 많은 농민들이 모여 동학 농민 운동을 일으켰다. 농민군은 전주성을 함락시켰고 조정이 농민군의 개혁안을 받아들이는 듯했으나, 안타깝게도 일본군에 의해 진압되고 말았다. 청나라와의 전쟁에서 승리한 일본이 더욱 압박하자, 조선은 일본의 간섭에서 벗어나기 위해 러시아와 손잡고 일본을 견제했다. 그러자 일본은 궁궐에 쳐들어와 명성황후를 무참히 살해했다. 고종은 러시아 공사관으로 몸을 피했다가 1년 만에 궁으로 돌아와 나라 이름을 바꾸어 '대한 제국'의 시작을 선포하고 황제가 되었다. 그리고 상공업을 발전시키고 근대적인 학교를 세우는 등 새로운 개혁을 시작했다.

고종 황제

나라를 지키기 위해 목소리를 모은 독립협회

일본과 청나라, 러시아는 호시탐탐 조선을 노렸고, 조선은 자주권을 지키기 버거운 지경에 이르렀다. 이때 갑신정변 이후 망명을 떠났던 서재필이 귀국하여 〈독립신문〉을 창간하고 독립협회를 세웠다. 독립협회는 청의 사신을 맞던 영은문을 헐고 그 자리에 독립문을 세웠으며, 만민 공동회를 열어 자주독립과 국정 개혁을 주장했다. 우리가 가마골 초등학교의 위기를 SNS를 통해 알리고, 가마골의 상징물인 가마솥을 교문 앞에 세우고, 가마골 공동회를 열어 여러 사람의 목소리를 모았던 것처럼 말이다.

독립문

독립문을 세우면서 기존에 있던 영은문 기둥을 받치던 밑돌인 주초만 남게 되었어.

결과는 대성공이었다. 많은 사람들이 학교를 다시 살리자며 힘을 합친 덕분에 폐교를 막을 수 있었다. 물론 서재필 박사님의 학교 살리기 작전도 아주 기가 막혔지만, 학교를 사랑하는 아이들의 간절한 마음이 사람들에게 통한 덕이 컸다. 다시 학생들이 북적거릴 가마골 초등학교를 생각하니 조금 울컥한다. 생각난 김에 이번 축제 때는 나도 가서 두 팔 걷어 붙이고 삼겹살 좀 구워야지!

오늘도 역사 고민 상담소는 시끌시끌하군요. 평강이와 온달이가 또 투닥거리고 있을까요?

사실 온달이와 평강이는 모바일 게임을 하는 중이었어요. 결승전에서 일본 팀과 맞붙게 되어 열띤 경기를 벌이고 있었지요.

평강이와 온달이는 손가락이 보이지 않을 정도로 스마트폰을 터치하더니, 기어코 역전승을 거두었어요.

"설마, 너희 내 스마트폰에 게임을 깔고 유료 결제한 거야?!"

"아…… 그, 그게……. 그래도 한일전이잖아요!"

"우리가 이겼다고요!"

그때였어요. 온달이가 들고 있던 스마트폰에서 요란한 소리가 나더니 빛이 나기 시작했어요.

"쌤! 스마트폰에서 빛이 나요!"

"무슨 소리야? 자꾸 말 돌릴래!"

자세히 보니, 빛 속에서 나온 사람은 검은 치마에 댕기 머리를 곱게 땋은 소녀였어요. 한 손엔 태극기를 꼭 쥐고 있었지요.

충남 병천에서 만세 운동을 이끌었던 독립운동가 유관순 열사야. 옥에 갇혀 일본군에게 갖은 고문을 당하면서도 굴하지 않고 옥중 만세 운동을 펼치기도 했지.

다음 주에 또 만세 시위를 하려고 태극기를 준비 중이었는데, 이곳으로 급히 소환되는 바람에 완성하지 못했소. 태극기의 빠진 조각을 찾아 주시오!

일본은 을사늑약을 핑계로 우리의 외교권과 군사권을 차례로 빼앗더니, 결국 1910년, 우리나라를 완전히 식민지로 만들어 버렸어요.

아우내 장터의 만세 운동

1919년 3월 1일, 민족 대표와 학생, 시민들이 각기 모여 대한 독립 만세를 외쳤어요. 이 운동은 전국적으로 퍼져 나갔고, 유관순 열사도 천안의 아우내 장터에서 만세 운동을 이끌었어요. 함께 만세를 외치는 역사 고민 상담소 식구들을 찾아 보세요!

"그래도 다들 잘 지내고 있는 걸 보니, 결국 우리 조국이 독립했군요."

유관순 열사가 눈물을 글썽이던 그때, 띵동띵동! 느닷없이 초인종이 울렸어요. 상담소 식구들은 울컥한 마음을 잠시 접어 두고 환한 표정으로 손님을 맞았어요.

그런데 손님은 상담소 식구들을 물끄러미 바라볼 뿐, 아무 말도 하지 않았어요.

잠시 후, 여자아이는 말하는 대신, 손을 요리조리 움직였어요.
"아, 이건 수화로 '안녕하세요.'라는 말인데?"
눈치 빠른 평강이의 말에 상담소 식구들도 수화로 인사했어요. 그러자 여자아이의 얼굴이 환하게 밝아졌어요.

설쌤은 스마트폰 메신저를 이용해 서로 대화를 하자고 했어요. 여자아이는 엄청나게 빠른 속도로 문자를 보냈어요.

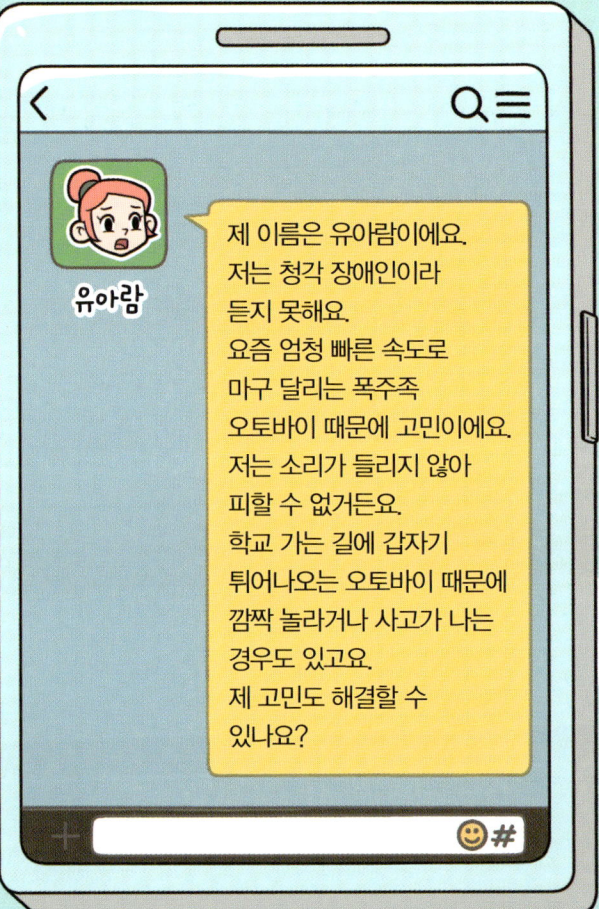

유아람

제 이름은 유아람이에요.
저는 청각 장애인이라
듣지 못해요.
요즘 엄청 빠른 속도로
마구 달리는 폭주족
오토바이 때문에 고민이에요.
저는 소리가 들리지 않아
피할 수 없거든요.
학교 가는 길에 갑자기
튀어나오는 오토바이 때문에
깜짝 놀라거나 사고가 나는
경우도 있고요.
제 고민도 해결할 수
있나요?

"사실 폭주족은 청각 장애인뿐만 모든 사람들에게 위협적이잖아!"

온달이와 평강이는 쌩쌩 달리며 아이들의 안전을 위협하는 폭주족을 혼내 주자면서 주먹을 불끈 쥐었어요.

"잠깐, 그건 안 돼!"

유관순 열사는 화르르 불타오르는 아이들의 앞을 막아서며 차분하게 설명했어요.

유관순 열사는 평화적인 방법을 써야만 더 많은 사람들이 참여할 수 있다고 강조했어요. 유관순 열사의 말을 듣고 역사 고민 상담소 식구들은 어떻게 하면 좋을지 머리를 맞대고 고민했어요.

거리로 나가자, 아니나 다를까 폭주족 아저씨들은 헬멧도 안 쓴 채 쌩쌩 달리며 곡예 운전을 했어요.

유관순 열사는 폭주족 아저씨들을 막아섰어요.

"청각 장애가 있는 아이들은 듣지 못하기 때문에 뒤에서 누가 다가오는지 알 수 없소. 그런데 이렇게 갑자기 튀어나오면 사고가 나지 않겠소?"

그러나 폭주족 아저씨들은 유관순 열사의 말에 콧방귀를 뀌며 화만 내지 뭐예요.

폭주족 아저씨들은 아이들을 쏘아붙이더니 지독한 배기가스를 뿜으며 사라져 버렸어요.

유관순 열사는 화가 머리끝까지 났지만 입술을 깨물며 꾹 참았어요. 그리고 설쌤에게 호랑이처럼 무서운 분을 부르자고 했어요.

3·1 운동 이후, 독립운동을 체계적으로 이끌기 위해서는 전국 각지에 흩어져 있는 여러 임시 정부가 하나로 통합되어야 한다는 의견이 모였어. 그래서 1919년, 중국 상하이에 대한민국 임시 정부가 세워졌단다.

대한민국 임시 정부는 〈독립신문〉을 만들어 일본의 만행을 고발하고, 국제 외교에 힘쓰며 우리 상황을 널리 알렸어.

또 한인 애국단을 만들어 독립 투사들을 지원했어. 이봉창은 일본의 왕을 암살하기 위해, 윤봉길은 일본의 고위 관리들을 없애기 위해 폭탄을 던졌지.

한국 광복군이라는 군대를 만들어 연합군과 함께 일본군과 전투를 벌이기도 했지.

상담소 식구들과 아람이는 김구 선생과 대한민국 임시 정부의 활약을 듣고 일제히 손뼉을 치며 감탄했어요.

역시 우리 민족을 지킨 김구 선생님!

비밀 편지를 전달하라!

한인 애국단의 윤봉길 의사는 중국 훙커우 공원에서 수통 폭탄을 던져, 일본군 대장과 일본의 고위 관리들을 없앴어요. 일본군을 피해 윤봉길 의사에게 김구 선생의 비밀 편지를 전달해 주세요!

유관순 열사는 김구 선생에게 아람이의 고민을 전해 주었어요. 김구 선생은 자초지종을 듣고 나서 눈썹을 치켜올렸어요.

"어린이는 이 나라의 보배요, 기둥이거늘! 감히 어린이를 위협하다니!"

"우리도 이봉창 선생님과 윤봉길 선생님이 활약한 한인 애국단처럼 결사 조직을 만들어 폭주족을 혼내 줘요!"

평강이의 말에 김구 선생님은 주먹을 불끈 쥐고 벌떡 일어났어요.

 설쌤 애국단, 첫 번째 작전 개시!
일명 초강력 끈끈이 작전!

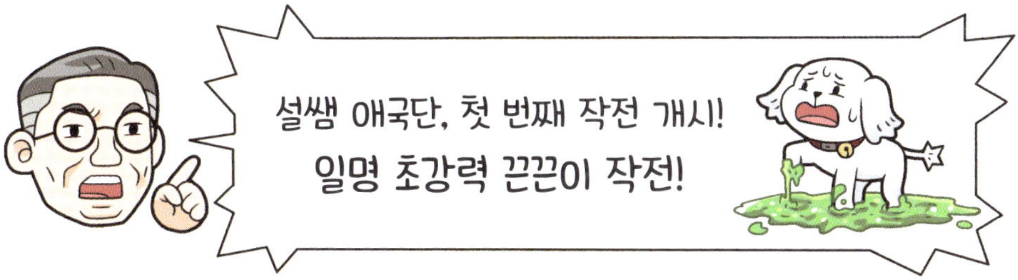

온달이와 평강이, 그리고 아람이는 김구 선생의 지령을 받아 폭주족 아저씨들이 모여서 쉬고 있는 장소로 몰래 다가갔어요.

그러더니 품속에서 무언가를 꺼내며 힘껏 달려갔어요.

그것은 바로 한번 붙으면 절대 뗄 수 없는 초강력 스티커!

야!!

우리는 착한 기사입니다.
절대, Never 교통 신호를
위반하지 않아요!

폭주족 아저씨들은 등에 붙은 스티커의 문구를 보고는 적잖이 당황하며, 얼른 떼려고 애썼어요.

야, 이것 좀 떼 봐!

가만히 좀 있어 봐!

저 스티커를 버젓이 붙이고
과속하진 않겠지?

첫 번째
임무 완수!

두 번째 작전은 어디든 쫓아가서 거머리처럼 착 달라붙어 폭주족 아저씨들에게 경고하는 것이었어요.

하루 종일 여기저기 출몰하는 설쌤 애국단 때문에 폭주족 아저씨들은 녹초가 되었어요. 과연 작전은 통했을까요?

"지겨운 녀석들. 우리가 순순히 말을 들을 줄 알았나?"
역시 아이들의 부탁을 순순히 들어 줄 폭주족 아저씨들이 아니었나 봐요. 그때였어요. 아람이가 무언가 쓱 내밀었어요.

편지?

아저씨들 원래 착한 분들인 거 알아요.
저희를 위해 안전 운전해 주시리라 믿어요.
교통 법규를 지키는 건 우리뿐만 아니라
아저씨들의 안전도 지키는 일이잖아요.
모두가 안전하고 건강했으면 좋겠어요.

-아람이 올림

부끄…

다음 날 아침이 밝았어요. 평강이와 온달이는 등굣길에 아람이를 만났어요.

뒤에서 달려오는 폭주족 아저씨의 오토바이를 보자마자, 평강이와 온달이는 아람이에게 소리치며 달려갔어요.

내가 구해 줄게!

윽, 저 아저씨들이 또?!

그런데 웬걸, 폭주족 아저씨들은 오토바이를 천천히 세우더니, 헬멧을 올리며 윙크까지 날리지 뭐예요?

이젠 쌩쌩 달리지 않는다고!

앞으로 폭주족이 아니라, 안전맨이라고 불러 달라고!

이 느끼한……

느끼적인 느낌은 뭘까?

그뿐만이 아니었어요. 어디선가 다른 오토바이 기사 아저씨들이 우르르 나타나더니, 아이들이 안전하게 등교할 수 있도록 횡단보도 앞 정지선에 일렬로 줄을 맞춰 섰어요.

저건 무슨 뜻이지? 혹시 욕인가?

그동안 우리가 너무하긴 했지.

'고맙습니다'라는 뜻이에요오오~!

우리가 뭘 해 줬다고 고맙다고 그래.

끙, 괜히 더 미안해지네.

우리가 목숨 걸고 구한 조국의 후손들이 이렇게 잘 컸다니. 허허.

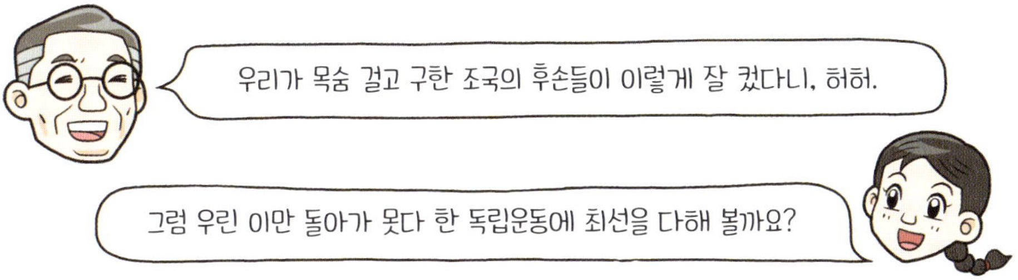

그럼 우린 이만 돌아가 못다 한 독립운동에 최선을 다해 볼까요?

아이들의 모습을 지켜보던 김구 선생과 유관순 열사는 흐뭇한 미소를 지으며 눈부신 햇살 속으로 사라졌어요.

평강이와 온달이는 두 사람의 뒷모습을 한참 동안 바라보며, 두 분의 희생이 헛되지 않도록 더 좋은 세상을 만들어야겠다고 다짐했어요.

얼른 독립해서 저 아이들에게 아름다운 조국을 물려줍시다!

끝까지 대한 독립을 포기하지 않은 보람이 있네요.

설쌤의 상담 일지 ❷

아람이의 등굣길을 지키는
설쌤 애국단

| 이름 | 유아랑 | 상담 날짜 | 3월 10일, 오후 1시 |

고민 내용 폭주족 아저씨들 때문에 학교에 가기가 무서워요!

처방전 자신의 마음을 솔직하게 전달하면 진심이 통할 것이다.

상담 내용 청각 장애인인 아람이는 신호를 지키지 않고 쌩쌩 달리는 오토바이 기사들 때문에 학교 가는 길이 늘 조마조마하다고 했다. 아이들의 안전을 위협하는 폭주족 오토바이 기사들을 어떻게 막을 수 있을까?

을사늑약으로 나라를 팔아먹은 을.사.오.적

아이들이 내 핸드폰으로 게임을 하다가 실수로 유관순 열사를 소환해 버렸다. 아, 유관순 열사 얘기가 나온 김에 먼저 당시 상황을 설명하는 게 좋겠군. 전쟁에서 청나라와 러시아를 이겨 기세가 등등해진 일본은 대한 제국의 주권을 빼앗으려고 더욱 압박했다. 급기야 1905년, 고종을 협박해 을사늑약을 강제로 체결하려 했다. 고종 황제는 우리에게 불리한 을사늑약 체결을 거부했지만, 일본은 이완용을 포함한 다섯 명의 대신을 앞세워 고종의 허가 없이 단독으로 을사늑약을 체결해 버렸다.

우리 민족은 우리가 지킨다!

고종은 을사늑약이 부당한 조약이며 대한 제국이 독립국이라는 사실을 전 세계에 알리기 위해 네덜란드 헤이그에서 열리는 '만국 평화 회의'에 이준, 이상설, 이위종을 비밀 특사로 보냈다. 그러나 이 일을 눈치챈 일본의 방해로 특사 활동은 실패했고, 고종은 황제의 자리에서 물러나게 되었다.

울분을 참을 수 없었던 백성들은 일본에 항거하기 위해 의병 운동을 일으켰다. 만주나 연해주로 건너가 독립군으로 활동하는 사람들도 있었다. 일본의 앞잡이 노릇을 하는 매국노들을 색출해 처단하는 의거 활동도 이어졌다. 특히 안중근 의사는 하얼빈으로 가서 을사늑약을 강요하고 대한 제국을 침략하는 데 앞장선 이토 히로부미를 세 발의 총을 쏘아 처단했다.

항일 의병 을미사변이나 을사늑약 등 나라가 위기를 맞을 때에 의병들이 일어나 힘을 모았다.

이름 모를 의병분들, 나라를 지켜 주셔서 정말 감사합니다.

만세! 대한 독립 만세!

　일본은 우리나라를 완전한 식민지로 만들기 위해 한일 병합 조약을 강제로 체결했다. 이후 조선 총독부를 설치하고, 헌병 경찰 제도를 통해 백성들을 억압했다. 경복궁에는 일장기가 걸렸고, 일본의 식민지가 되었다는 충격에 국민들은 좌절했다. 이에 민족 대표는 1919년 3월 1일, 독립을 선언했고, 같은 날 탑골 공원에 모인 학생과 시민들도 만세 시위를 벌였다. 시위의 바람은 계층과 지역을 넘어 해외까지 확산되었다.

　일본은 총칼을 휘두르며 무력으로 시위를 진압했다. 이때 유관순 열사도 고향인 천안의 아우내 장터에서 태극기를 들고 독립 만세를 외치며 시위를 이끌다, 옥에 갇혀 생을 마감하고 말았다. 많은 희생이 뒤따르긴 했지만, 3·1운동 덕분에 우리나라의 자주독립을 향한 의지를 전 세계 알릴 수 있었다.

서대문 형무소

많은 독립운동가를 가두고 고문했던 곳이야. 유관순 열사도 이곳에서 생을 마감했지.

독립운동의 리더, 대한민국 임시 정부

1919년, 국내와 연해주, 상하이에서 독립운동을 이끌던 임시 정부를 하나로 통합한 대한민국 임시 정부가 상하이에 만들어졌다. 대한민국 임시 정부는 〈독립신문〉을 만들고, 일본의 만행과 민족의 독립 의지를 널리 알리기 위해 국제 회의에 대표단을 보냈다. 또 한인 애국단을 조직해 일본의 주요 인물을 처단하여 일제의 야욕을 꺾으려 했고, 한국 광복군이라는 군대를 만들기도 했다.

◀김구의 회중시계

김구와 윤봉길 한인 애국단의 윤봉길은 상해의 훙커우 공원에서 폭탄을 던져 일본군의 수뇌부를 제거했다. 회중시계는 훙커우 공원으로 떠나는 날 아침, 결의를 다지며 김구와 서로 맞꾼 것이다.

대한민국 임시 정부의 중심에 있었던 인물이 바로 우리의 백범 김구 선생이다. 김구 선생은 임시 정부의 지도자답게 폭주족을 막기 위해 강력한 작전들을 펼쳤다. 하지만 결정적인 역할을 한 건 아람이의 진심이었다. 아람이가 편지에 꾹꾹 눌러 담아 진심을 전하자 폭주족은 잘못을 뉘우치고 아이들의 안전 지킴이가 되었다. 이렇게 기특한 사람들인 줄 알았으면 거머리 작전은 좀 살살할 걸 그랬나?

며칠 전부터 평양냉면이 먹고 싶다고 노래를 부른 평강이를 위해 역사 고민 상담소 식구들은 오랜만에 외식을 하러 나왔어요.

그런데 소문난 맛집인지, 식당 앞은 기다리는 손님들로 인산인해를 이루고 있었어요. 역사 고민 상담소 식구들도 한 시간째 기다렸지만, 맛있는 냉면과 만두를 먹을 생각에 하나도 지루하지 않았지요.

 며칠 후

고향 냉면의 소녀가 역사 고민 상담소를 찾아왔어요.

"저번에 가게에서 뵈었죠? 제 이름은 한통희예요."

그런데 통희 혼자가 아니었어요. 옆에 웬 할아버지도 함께 오셨는데, 바로 통희네 할아버지였어요. 알고 보니, 고향 냉면은 통희네 할아버지께서 운영하시는 가게였고, 손녀인 통희가 주말마다 가게 일을 도왔던 거예요.

"저번에 못 드시고 가져서 좀 싸 왔어요."

"아유, 그냥 오셔도 되는데."

"우아, 감사합니다!!"

내 고향은 북한의 평양인데, 6·25 전쟁 때 남쪽으로 홀로 내려왔지. 어머니께서 해 주셨던 냉면과 만두 맛을 잊을 수가 없어서, 그 맛을 그대로 살려 가게를 열었소. 벌써 60년이 지났구려.

"그런데 무슨 고민 때문에 오신 거예요?"

온달이가 만두 하나를 앙! 베어 물면서 물어보자, 통희가 조심스레 입을 열었어요.

"우리 할아버지 고향은 평양이에요. 하지만 남북이 분단되어 지금은 갈 수 없죠. 남북통일을 바라는 마음으로, 제 이름도 '통일을 바라는 민족의 희망'이라는 뜻을 담아 '통희'라고 지으셨어요."

그때 할아버지가 주머니에서 낡은 사진 한 장을 꺼냈어요.

사진 속에는 할아버지의 가족들이 활짝 웃고 있었어요. 사진은 오래되어 색이 노랗게 변했지만, 그 속에 담긴 가족들의 눈빛만큼은 여전히 생생했어요.

그때 "잠깐!" 하고 설쌤이 어두운 얼굴로 외쳤어요.

"고민 해결은 어렵겠군요. 할아버지 고민은 남북 분단인 것 같은데, 그 문제는 저희가 어찌할 수 있는 게 아니라서요……."

할아버지가 고향의 추억을 느낄 수 있도록 온달이와 평강이는 최선을 다해 공연을 펼쳤어요. 하지만 할아버지는 기뻐하시기는커녕 오히려 더 슬퍼 보였어요.

할아버지, 기운 내세요!

온달이와 평강이가 고향을 그리워하는 할아버지를 위해 부채춤을 추려고 해요.
두 사람의 포즈 순서의 규칙을 찾아 맨 마지막에 올 포즈를 맞혀 보세요.

할아버지의 진짜 고민을 들은 설쌤은 깊은 생각에 빠졌어요. 그러고는 잠시 후, 무릎을 치면서 자신 있게 말했어요.

"저희가 남북을 통일시킬 순 없지만, 동생을 만나는 문제라면 해결해 드릴 수 있을 것 같군요!"

그제야 할아버지 얼굴이 환하게 밝아졌어요.

1945년 8월 15일, 드디어 우리나라가 꿈에서 그리던 광복을 맞았지. 수많은 국민이 태극기를 들고 거리로 쏟아져 나와 대한 독립 만세를 외쳤어.

여운형을 중심으로 '조선 건국 준비 위원회'가 만들어지는 등, 새로운 정부를 세우기 위한 움직임도 시작되었어.

해외에서 독립운동을 했던 많은 사람들이 조국으로 돌아오기도 했지. 미국에서 독립운동을 하던 이승만과 중국에서 임시 정부를 이끌던 김구도 이때 돌아왔고 말이야.

하지만 바로 자주독립 국가를 세울 수는 없었어. 우리나라는 38도선을 기준으로 남북으로 나뉘었거든. 38도선 북쪽은 소련이, 남쪽은 미국이 점령한 거야.

김구는 하나된 조국을 바라며, 통일 정부를 세우려고 노력했어. 하지만 결국 유엔의 결정대로 남한에서만 선거가 치러졌고, 대한민국 정부가 세워졌어.

북한에서도 '조선 민주주의 인민 공화국'이란 이름의 정부가 세워졌어. 결국 우리나라는 통일을 하지 못한 채 남과 북으로 갈라져 버렸지.

문제는 그로부터 2년 뒤인 1950년 6월 25일, 북한이 남한을 침략하면서 터졌어. 6·25 전쟁이 일어난 거야. 북한군의 기습적인 공격에 국군은 계속 후퇴할 수밖에 없었지.

 # 맥아더의 인천 상륙 작전

인천 상륙 작전이 성공하면서 전쟁의 상황은 완전히 뒤바뀌어, 우리 국군은 서울을 되찾고 북한군을 38도선 위로 철수시켰어요. 두 그림을 비교하여 서로 다른 곳 다섯 군데를 찾아보세요.

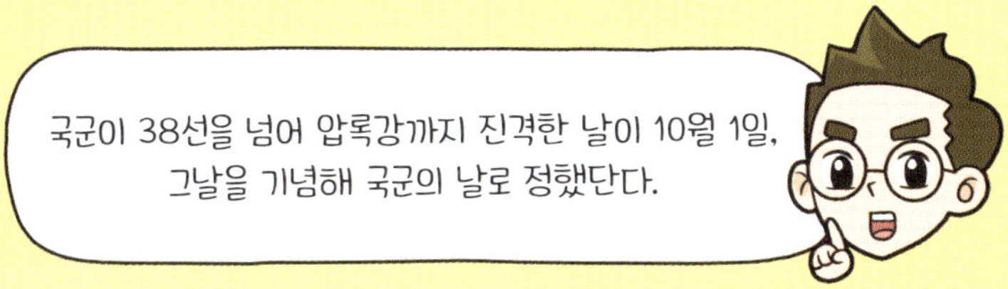

국군이 38선을 넘어 압록강까지 진격한 날이 10월 1일, 그날을 기념해 국군의 날로 정했단다.

그런데 할아버지는 북한군의 모자를 벗기는 순간 깜짝 놀랐어요. 그 북한군은 할아버지가 늘 그리워하던 동생이었지요!

하마터면 동생을 죽일 뻔했다는 충격에 놀라, 할아버지는 바닥에 주저앉았어요. 둘은 서로 끌어안고 통곡을 했어요.

나는 동생과 그렇게 헤어졌고, 그 뒤로 기세가 오른 국군과 유엔군은 압록강까지 쳐들어갔지.

그런데 1950년 10월, 궁지에 몰린 북한을 돕기 위해 중국군이 전쟁에 참전한 거야. 이때 상황이 또 반전되어 결국 1951년 1월 4일, 국군은 다시 38도선 아래로 후퇴했어.

뺏고 빼앗기는 싸움 중에 휴전 회담이 이루어졌어. 결국 1953년, 남과 북은 휴전에 합의했고 그렇게 나뉘어진 남과 북이 오늘날까지 이어진 거야.

언제쯤 동생을 만날 수 있을지……

　할아버지의 사연을 들은 평강이와 온달이, 그리고 로빈의 눈에도 눈물이 그렁그렁 맺혔어요. 같은 민족끼리 총을 겨누고, 형제가 서로 적이 되어 만나 생긴 마음의 상처는 어떻게 치유될 수 있을까요?

하지만 마냥 슬퍼할 수는 없는 법! 설쌤은 스마트폰을 꺼내, 할아버지의 가족 사진을 찍고 6·25 전쟁의 이야기도 좀 더 자세하게 조사했어요.

그러고는 역사 고민 처방전 앱을 누르자, 신기한 일이 일어났어요. 스마트폰에서 휘휘 휘파람 소리가 들리는 거예요.

이 휘파람 소리는 내 동생이 즐겨 부르던 노래인데?

잠시 후, 상담소 천장에서 우지끈 소리가 나더니 시간의 문의 열리고 할아버지의 동생이 두리번거리며 걸어 나왔어요. 할아버지는 냉큼 달려가 동생을 부둥켜안았어요. 할아버지와 할아버지의 동생, 그러니까 통희의 작은 할아버지는 아주 오랫동안 아무 말 없이 눈물만 흘렸어요.

북한말 VS 남한말

통일이 되어 통희가 북한에 사시는 작은 할아버지와 만난다면 어떨까요? 남과 북의 말에 서로 다른 점이 많아, 이야기 나누기 쉽지 않을 수도 있어요. 통일을 대비하여 북한말과 남한말이 어떻게 다른지 미리 공부해 봐요.

만화 영화는 북한말로 '그림 영화'다.

라면은 북한말로 '꼬부랑면'이다.

투수는 북한말로 '넣는 사람'이다.

계란찜은 북한말로 '닭알찜'이다.

드레스는 북한말로 '화려치마'이다.

할아버지와 동생은 전쟁으로 헤어진 부모님과 고향 사람들의 안부를 챙기면서 긴 세월의 그리움을 달랬어요. 잠시 후, 할아버지는 '흠흠' 헛기침을 하더니, 조심스레 말을 꺼냈어요.

"거, 흠흠, 궁금한 게 있는데. 꽃분이 소식은……."

꽃분이는 할아버지의 첫사랑인데, 서로 결혼까지 약속했지만 6·25 전쟁 이후 만날 수 없었지요.

설쌤이 시계를 흘긋 보고는 작은 할아버지에게 말했어요.

"어르신, 이제 원래 계시던 북으로 돌아가실 시간입니다."

할아버지는 꼭 잡은 동생의 손을 놓지 못하며 하염없이 눈물을 흘렸어요.

"아이고, 이를 어째. 내 동생 어떡하누. 아이고!"

"형님, 다시 만나실 때까지 건강하슈. 오래오래 사쇼!"

할아버지는 저 멀리 떠나는 동생에게 달려가 다시 부둥켜안았어요.

"내가 잘할게. 내가 열심히 해서 꼭 같이 사는 날이 오도록 노력할게!"

동생이 사라진 텅 빈 공간을 한참 동안 바라보던 할아버지는 눈물을 닦으면서 환한 미소를 지었어요.

덕분에 평생 소원을 이뤘네. 고맙네, 고마워…….

활짝 웃는 할아버지 얼굴을 얼마 만에 보는지 몰라요.

소원을 이룬 할아버지와 통희는 설쌤과 상담소 식구들에게 선물을 주었어요. 바로 고향 냉면의 평생 무료 이용권!

그날 밤, 설쌤의 역사 고민 상담소 식구들은 모두 같은 꿈을 꾸었어요. 먼 훗날 서울에서 열차를 타고 평양과 신의주를 지나, 유라시아 대륙을 건너 프랑스 파리까지 여행을 떠나는 꿈이었지요.

가는 길에 평양에 문을 연 고향 냉면 2호점에도 들러, 할아버지에게 받은 무료 이용권으로 냉면과 만두를 배불리 먹었답니다.

아, 그러고 보니 온달이 옆에 있는 사람은 누구일까요? 알콩달콩한 분위기로 보아 온달이와 결혼한 사이인가 봐요.

오늘도 손님들의 고민을 해결하느라 애쓴 역사 고민 상담소 식구들은 내일은 어떤 손님이 찾아올까 기대하며 잠을 청합니다.

설쌤의 상담 일지 ③

고향 냉면 평양 2호점을
여는 날까지 무조건 직진!

이름	통희와 할아버지	상담 날짜	3월 25일, 오후 12시

고민 내용 북한에 있는 동생을 딱 한 번이라도 보고 싶소!

처방전 통일을 앞당기기 위해 노력하라!

상담 내용 '고향 냉면'의 주인장 할아버지와 손녀가 상담소를 찾아왔다. 실향민인 할아버지는 6·25 전쟁 때 헤어져 북한에 살고 있는 동생 얼굴을 꼭 한 번 보고 싶다고 하셨다.
흠, 역대급 고민이군!

꿈에 그리던 광복!

할아버지가 동생과 70여 년이나 서로 만날 수 없었던 이유를 이해하려면 광복부터 6·25 전쟁과 분단으로 이어지는 역사를 살펴봐야 한다. 1945년 8월 15일, 제2차 세계 대전에서 일본이 패하면서, 우리나라는 꿈에 그리던 광복을 맞았다.

광복 직후, 독립운동가 여운형 선생은 새로운 정부를 건설하기 위해 '조선 건국 준비 위원회'를 만들었고, 독립운동을 위해 조국을 떠났던 사람들과 일본에 강제로 끌려간 사람들도 하나둘 돌아왔다. 그중에는 해외에서 독립운동을 하던 김구와 이승만도 있었다. 사람들은 이들이 새로운 국가를 만드는 데 큰 힘이 되어 줄 것이라고 기대했다.

반쪽짜리 선거가 만든 남북 분단

하지만 강대국의 생각은 달랐다. 북위 38도선을 기준으로 한반도의 북쪽에는 소련군이, 남쪽에는 미군이 정부를 세우고 우리 민족을 다스리기 시작했다. 게다가 1945년 12월에는 미국, 영국, 소련, 중국이 5년 동안 우리나라를 신탁 통치하겠다고 합의했다. 김구 선생은 통일 정부를 세우기 위해 38도선을 넘어 북으로 가 협상을 시도했지만, 결국 유엔의 결정으로 남한에서만 총선거가 이루어졌다.

반쪽짜리 총선거에서 뽑힌 국회의원들은 헌법을 만들고 우리나라 이름을 '대한민국'으로 정하여 발표했다. 제1대 대통령으로 뽑힌 이승만은 1948년 8월 15일, 대한민국 정부의 탄생을 선포했다. 같은 해, 북한에서는 김일성을 수상으로 하는 조선 민주주의 인민 공화국이 세워졌다.

나 김구는 38도선을 베고 쓰러질지언정 단독 정부는 세울 수 없소!

우리 민족의 최대 비극, 6·25 전쟁

"쾅쾅쾅!" 1950년 6월 25일 새벽, 북한군이 탱크를 밀고 남쪽으로 쳐들어왔다. 전혀 대비가 안 되어 있던 남한은 단 3일 만에 서울을 빼앗겼다. 이후 맥아더 장군이 이끄는 유엔군과 국군의 인천 상륙 작전이 성공하며 전세가 역전되었고, 서울을 되찾고 북으로 진격할 수 있었다. 하지만 그 뒤 중국군이 북한을 도와 참전하여 서울을 빼앗기고 되찾는 과정을 여러 번 반복했다. 남과 북은 38도선 부근에서 치열하게 전투를 벌이면서 휴전 회담을 시작했고, 결국 1953년 7월 27일에 휴전을 선언했다.

인천 상륙 작전

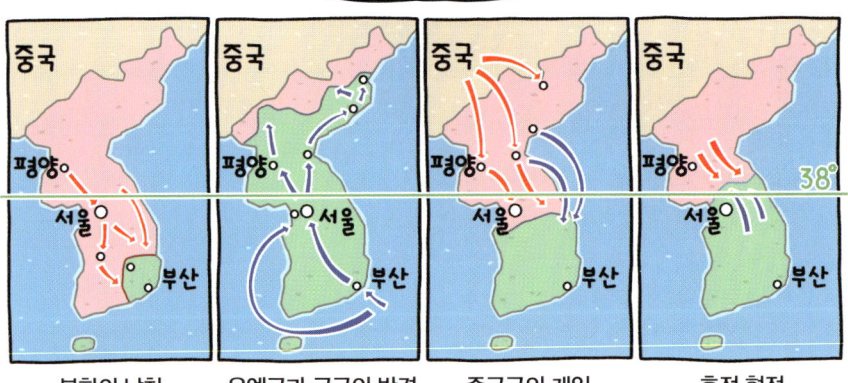

6·25 전쟁의 과정

북한의 남침 | 유엔군과 국군의 반격 | 중국군의 개입 | 휴전 협정

할아버지와 동생이 부둥켜안는 날이 빨리 오기를!

우리나라는 3년간의 전쟁으로 인해 초토화되고 말았다. 집은 물론이고 공장과 도로, 철도 등 많은 시설이 파괴되어 폐허로 변해 버렸다. 심지어 같은 동포끼리 서로 죽이고 죽는 비극적인 전쟁을 겪으며 사람들 마음에는 큰 상처가 남았다. 고향 냉면 할아버지처럼 평생 북에 두고 온 부모와 형제를 만날 수 없는 이산가족도 생겼다. 전쟁 이후, 남과 북은 서로 등지고 있다가 70년대 이후 서서히 교류를 시작했다.

2000년, 2007년, 2018년에는 남북 정상이 만나 통일과 경제 협력, 이산가족 문제를 논의하기도 했다. 오락가락하는 남북 관계 속에서도 이런 시도 덕분에 통일에 조금씩 가까워지고 있다.

할아버지와 동생이 서로 부둥켜안고 눈물만 흘리는 모습을 보고 있자니 통일이 더욱 간절해졌다. 언젠가는 할아버지와 동생이 함께 평양에 고향 냉면 2호점을 차리는 날이 오겠지? 그날이 올 때까지 셀쌤의 역사 고민 상담소도 멈추지 않고 쭈욱~ 간다!

2018년 9월 평양 공동 선언
문재인 대통령과 김정은 북한 국무위원장이 평양 공동 선언을 발표한 후 악수하고 있다.

한 번에 정리해요

여러분, 《설민석의 역사 고민 상담소 5. 개항기부터 근현대까지》를 재미있게 읽었나요?

전교생이 아홉 명뿐이라 폐교 위기에 처한 가마골 초등학교, 쌩쌩 달리는 폭주족 아저씨들 때문에 등굣길이 무서운 아람이, 북한에 두고 온 동생을 꼭 한 번 만나고 싶은 통희네 할아버지의 사연을 읽으며 어떤 생각을 했나요? 일제 강점기와 남북 분단이라는 아픔을 극복한 대한민국에는 어떤 미래가 펼쳐질까요?

이제 앞에서 읽은 내용을 정리하며 가볍게 문제를 풀어 보아요. 앞에서 읽은 내용을 차근차근 떠올리다 보면 정답이 선명하게 떠오를 거예요. 자, 그럼 시작해 볼까요?

문제 1. 다음은 조선 후기에 세워진 독립협회에 관한 설명이에요.
설명을 잘 읽고 아래 상자에서 정답을 찾아 동그라미 해 보세요.

① 국민들을 계몽하여 외세의 침략에 맞서기 위해 독립협회를 세운 사람은?
② 영어로도 제작하여 해외에 조선이 처한 상황을 알린 신문은?
③ 우리나라의 자주 독립을 선언하기 위해 세운 문의 이름은?
④ 우리나라 최초의 민중 대회로, 외세의 간섭과 침탈을 비판하고 토론한 집회는?

서	울	장	독	대
재	산	독	립	문
필	통	정	신	화
밥	김	성	문	장
만	민	공	동	회

문제 2. 대한 독립을 위해 애썼던 인물들의 설명을 읽고 알맞은 그림과 연결하세요.

 김구

 윤봉길

 유관순

천안 아우내 장터에서 3·1 만세 운동을 주도하다가 일본 경찰에 붙잡혀 모진 고문을 당했어요.

상하이에서 열린 일본의 기념 행사장에서 폭탄을 던져 일본 주요 인물들을 암살했어요.

대한민국 임시 정부의 지도자로, 한인 애국단을 결성하고 통일 정부를 수립하고자 애썼어요.

문제 3. 한반도는 무려 70여 년 동안 남과 북으로 나뉘어져 있어요. 그래서 전쟁 때 헤어진 부모, 형제들과 만날 수 없는 이산가족이 여전히 많지요. 이산가족에게 어떤 말을 해 주고 싶나요? 그들을 위로하는 편지를 써 보세요.

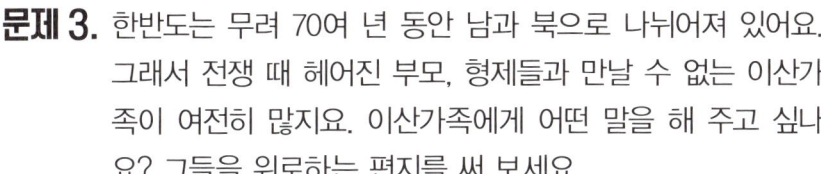

그동안 무슨 일이 일어났을까?

같은 시대, 우리나라와 세계에서는 무슨 일이 일어났을까요?
우리 역사의 흐름을 세계사와 함께 살펴봅시다.

1876년
강화도 조약

조선과 일본이 맺은 불평등 조약으로, 이를 계기로 조선은 해외 여러 나라와 통상을 시작하게 되었어요.

1884년
갑신정변

1894년
동학 농민 운동

1895년
을미사변

1896년
독립협회 설립

서재필을 중심으로 근대화와 개혁, 자주 국가를 표방하며 설립되었어요. 독립문을 세우고 〈독립신문〉을 발행했어요.

1896년
아관파천

1897년
대한제국 성립

아관파천 후 러시아 공사관에 머물던 고종은 경운궁으로 돌아와 황제 즉위식을 올리고 대한 제국을 선포했어요.

한국사 — 1840년 — 1880년 — **세계사**

1840년
아편 전쟁

영국이 아편을 중국에 몰래 대량으로 수출한 일을 계기로, 중국과 영국 사이에 벌어진 전쟁이에요.

1863년
링컨, 노예 해방 선언

미국의 남북 전쟁 도중 링컨은 노예 해방을 선언했어요.

1879년
에디슨, 전구 발명

1919년
대한민국 임시 정부 수립
일본의 식민 통치에 대항하고 독립운동을 이끌기 위해 중국 상하이에 대한민국 임시 정부가 수립되었어요.

1910년
한일 강제 병합
일본은 우리나라의 국권을 강제로 빼앗고 식민지로 만들어 버렸어요.

1932년
윤봉길 의거

1948년
대한민국 정부 수립

1945년
대한민국 광복
8월 15일, 제2차 세계대전에서 일본이 항복하면서, 한국은 광복을 맞이했어요.

1950년
6·25 전쟁 발발

1953년
휴전 협정 체결

1900년 — **1940년** — **2000년**

1904년
러·일 전쟁

1939년
제2차 세계대전
독일이 선전 포고 없이 폴란드를 공격함으로써 제2차 세계대전이 시작되었어요.

1945년
일본, 무조건 항복
미국이 일본 히로시마와 나가사키에 원자 폭탄을 떨어뜨리자, 일본은 제2차 세계대전의 패배를 인정하고 항복을 선언했어요.

1914년
제1차 세계대전
오스트리아가 세르비아에 선전 포고를 하며 시작되어 4년간 지속되었어요.

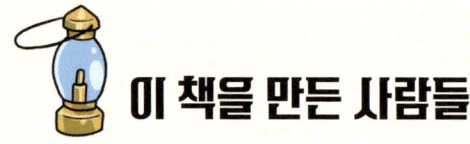

이 책을 만든 사람들

글 설민석

우리나라 사람들이 가장 사랑하는 역사 선생님입니다. 머리에는 지식을, 가슴에는 교훈과 감동을 전하겠다는 일념으로 지난 20년간 한국사 대중화에 앞장섰습니다. 한국사는 지루하고 딱딱하다는 선입견을 깨고, 남녀노소 누구나 즐겁게 다가갈 수 있는 역사 콘텐츠를 만들기 위해 노력하고 있습니다. 그리고 이제, 〈설민석의 역사 고민 상담소〉 시리즈를 통해 새로운 역사 교육 방식을 제안합니다. 〈설민석의 역사 고민 상담소〉는 재미난 한국사 동화를 통해 어린이들의 말 못할 고민을 해결하는 동시에, 교과 과정에 입각한 필수 역사 지식을 습득할 수 있는 '신개념 에듀 스토리북'입니다.

지은 책으로는 〈설민석의 만만 한국사〉, 〈설민석의 한국사 대모험〉, 〈설민석의 세계사 대모험〉, 〈설민석의 통일 대모험〉, 〈설민석의 삼국지〉 시리즈 들이 있고, 《설민석의 무도 한국사 특강》, 《설민석의 조선왕조실록》 들이 있습니다.

글 서지원

한양대학교를 졸업하고 1989년 〈문학과 비평〉에 소설로 등단했습니다. 현재는 동화 작가와 논픽션 작가로 활동하고 있습니다. '책 읽는 서울 올해의 책', '원주 시민이 읽어야 할 올해의 책'에 선정되었고, '문화체육관광부 우수문학도서상', '환경부 우수환경도서상', '여성가족부 장관상' 등을 받았습니다. 지은 책으로는 《빨간 내복의 초능력자》, 《훈민정음 구출 작전》, 《4차산업 혁명과 미래 직업 이야기》 들이 있으며, 초등학교 수학 교과서를 집필했습니다.

그림 조병주

2007년부터 교양 만화를 그리기 시작하면서 세상에 작은 도움이 되는 그림을 그리려고 애쓰고 있습니다. 그린 책으로는 〈흔한남매 안 흔한 일기〉 시리즈, 《만화로 읽는 동양 철학 시리즈》, 《한발 먼저 알자! 알자!: 현대》, 《세상을 바꾼 큰 걸음: 넬슨 만델라》, 《브리태니커 만화 백과: 세계의 문학》 들이 있습니다.

감수 단꿈 연구소

국민의 바른 역사의식 함양을 위해 역사를 연구하고 공부하는 사람들이 모인 곳입니다. 설민석 선생님과 함께 인문, 역사, 어린이 등 다양한 분야의 콘텐츠를 만들고 있습니다.

정답

20~21 사람이 곧 하늘이다!

26~27 찰칵찰칵, 가마골 알리기!

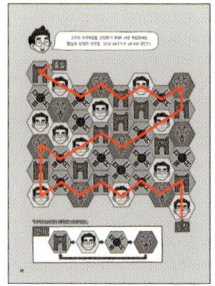

30 순서대로 찾아가기

51 퍼즐 맞추기

54~55 아우내 장터의 만세 운동

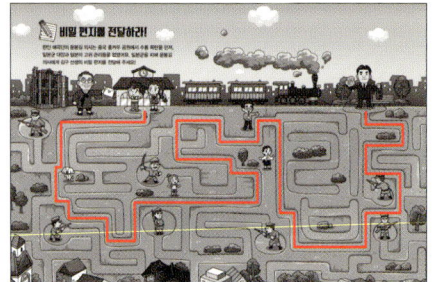

66~67 비밀 편지를 전달하라!

96~97 할아버지, 기운 내세요!

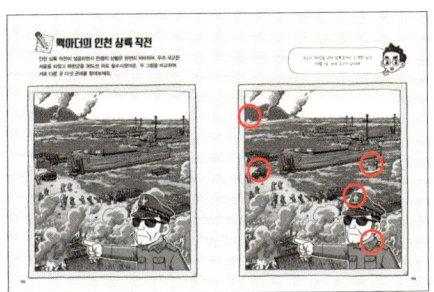

102~103 백아더의 인천 상륙 작전

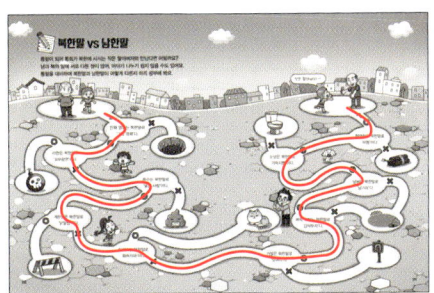

110~111 북한말 vs 남한말
라면-꼬부랑 국수, 계란찜-닭알두부, 드레스-나리옷

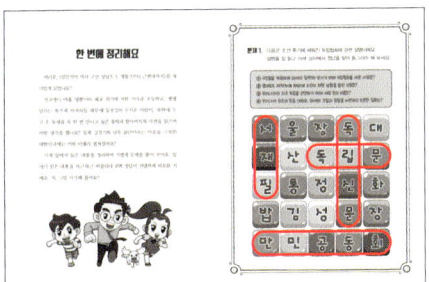

123 한 번에 정리해요
① 서재필, ② 독립신문,
③ 독립문, ④ 만민공동회

124 한 번에 정리해요

사진 출처

23 〈독립신문〉(국립민속박물관) / 41 척화비(국립경주박물관)
42 고종 황제 사진(국립고궁박물관) / 43 독립문(국립중앙박물관)
81 조선의 항일 의병(wikipedia) / 82 서대문 형무소(wikipedia)
83 김구 선생과 윤봉길(wikipedia), 백범 김구의 회중시계(문화재청)
119 해방을 만끽하는 시민들(wikipedia) / 120 인천 상륙 작전(연합뉴스)
121 평양 공동 선언(연합뉴스) / 126 제1차 아편 전쟁(wikipedia)